ESSAI

SUR

LA · DÉCENTRALISATION

PAR

H. MARTIN

PARIS

G. PEDONE-LAURIEL, Éditeur

13, RUE SOUFFLOT, 13

1887

ESSAI

SUR LA

DÉCENTRALISATION

ESSAI

SUR

LA DÉCENTRALISATION

PAR

H. MARTIN

PARIS

G. PEDONE-LAURIEL, Éditeur

13, RUE SOUFFLOT, 13

1887

AVANT-PROPOS

Naguère, Napoléon I", bien qu'il eut, pendant onze années, de 1802 à 1813, l'habitude de lire avec attention les notes politiques qu'il commandait à M. J. Fiévée, l'auteur de « *La Dot de Suzette* » disait avec dédain des publicistes en général : « Ce sont des idéologues ! »

Ce despote, qui savait si bien donner à sa pensée et à son style un tour original et extraordinaire, avait certainement tort.

De nos jours, lorsqu'un inconnu se pique de parler sociologie, ou recherche, plume en main, la solution de quelques questions politiques, certains hommes publics, s'écrient en chœur : « Voilà un ambitieux qui cherche quelque place ! « Encore un qui veut un mandat quelconque ! Encore un « qui posera sa candidature aux prochaines élections com- « munales, départementales ou législatives ! Encore un « rival, lorsque nous serons mandataires sortants ! La « peste soit de ce sociologue nouveau ! N'est-ce point assez « de nous ? La série des ayant voix au chapitre politique « semblait devoir se clore avec nous ! »

Ces mandataires n'ont pas le droit de penser despotiquement. Ils ont encore plus tort que Napoléon qui, en somme, jouait son rôle d'autocrate impérial beaucoup mieux que tel ou tel homme d'aujourd'hui son rôle d'élu par la nation.

Et leur langage a de pernicieux effets. Je sais des jeunes de la politique qui, souvent, hésitent à publier quelques idées qui leur sont venues et qu'ils croient bonnes : ils ont peur de la réprobation des politiciens en exercice.

1

S'entendre dire : « Tu n'es qu'un ambitieux ! Qu'est-ce « que tu cherches ? » ou bien : « Tu n'es qu'un affamé ! « Quel os faut-il te jeter à ronger ? », c'est fort désagréable, cela, quand on s'estime sincère et désintéressé, quand on rêve politique en dilettante, pour le simple plaisir de pondre des idées.

Il faut avoir une fort bonne dose de saine philosophie pour savoir laisser entrer par une de ses oreilles et sortir par l'autre ces phrases, où ceux qui les prononcent mettent souvent beaucoup de dépit et de jalousie, rarement la sagacité qui convient à l'homme politique.

J'ai toujours essayé de faire provision de philosophie. C'est ce qui m'enhardit à publier ces quelques pages. Elles sont peut être mauvaises. Elles n'ont peut être ni queue ni tête. Elles sont peut-être d'un présomptueux.

Ma foi, tant pis !

J'ai fréquemment le besoin de tremper une vieille plume rouillée, emmanchée au bout d'un porte-plume d'un sou, dans une écritoire remplie d'encre boueuse, puis de l'embarquer au petit galop de chasse, la bride sur le cou, sur de menues feuilles de papier, blanches d'un côté, imprimées de l'autre, — généralement des billets de faire-part ou des convocations de société — que je collectionne avec fureur. J'ai le malheur d'être atteint de cette lèpre intellectuelle. C'est mon excuse. Que mes lecteurs, si j'en ai, veuillent bien l'accepter.

30 janvier 1887.

HECTOR MARTIN.

ESSAI SUR LA DÉCENTRALISATION

I

CONSIDÉRATIONS GÉNÉRALES.

Aux dernières élections législatives, tous les programmes électoraux des Républicains se sont accordés à demander la Décentralisation administrative, l'extension des attributions des Conseils communaux et départementaux.

Reste à savoir comment les Démocrates, qu'ils s'intitulent opportunistes ou bien intransigeants, radicaux ou bien progressistes, modérés ou bien enragés, entendent ou peuvent nous donner cette Décentralisation. Les hommes dits d'Etat se décideront-ils bien réellement à toucher à l'arche sainte?

Le régime centralisateur n'est-il pas bien commode pour l'enfouissement des affaires irritantes dans les cartons ministériels? Qui osera renverser les mœurs administratives si routinières, si paperassières, de notre pays? Qui pourra nous guérir de la maladie bureaucratique? C'est un mal bien invétéré.

Et puis, l'on a peur d'affaiblir le lien national, de briser l'unité de la République. Le spectre du fédéralisme se dresse formidable devant les yeux des pseudo-Jacobins. Ils se croient encore à l'époque où les Montagnards, pour sauvegarder l'indivisibilité de la Patrie, menacée par les intrigues des émigrés et du clergé réfractaire, se voyaient obligés d'ajourner la Constitution de 1793 et de créer la Dictature jusqu'au triomphe de la Révolution.

Voilà pourquoi la Centralisation subsiste encore, pourquoi elle a survécu aux Monarchies disparues !

Ce régime est le legs du Consulat et de l'Empire. C'est Bonaparte, qui, selon l'expression d'un publiciste, « transforma en instruments de compression, dans les mains de l'autorité centralisée, les organes principaux de la vie nationale, les fonctions administratives, la police, la magistrature, la religion, la force militaire soustraites à l'action élective. » C'est lui qui établit la « dictature en permanence contre l'ennemi du dedans, qui n'était plus alors que la Nation, au nom de laquelle on avait tout fait et dont on évita dès lors de prononcer le nom. »

Or, si les Monarchies vivent de Centralisation, les Républiques en meurent, à la longue. La Centralisation, bien loin de resserrer le lien national, garotte les esprits, paralyse les initiatives.

Quelles que puissent être les espérances ou les illusions des réactionnaires, nous sommes loin des nécessités momentanées qui obligèrent la Convention à grouper puissamment sous la main de ses Comités toutes les forces vives, toutes les énergies de la Nation et à « exercer la Dictature du Salut Commun. »

Mais ira-t-on chercher le modèle de l'organisation générale du pays dans la Constitution démocratique de 1793, qui procède directement du *Contrat social* de Rousseau ?

Cette Constitution livrait tout à l'initiative des Assemblées locales, faisait tout émaner du suffrage direct, faisait élire au district tous les fonctionnaires publics de l'ordre administratif et de l'ordre judiciaire. Les ministres même devaient être choisis sur les listes départementales établies par les électeurs.

Il y aurait peut-être grand danger, avec des mœurs républicaines aussi imparfaites que les nôtres, à passer brusquement d'une Centralisation parfois oppressive, toujours gênante, à une Décentralisation aussi absolue, qui friserait bientôt l'anarchie.

Certes, il faut entrer résolûment dans la voie des réformes, faire une plus large part à l'indépendance des Départements, surtout des Communes, diminuer le nombre des fonctionnaires de l'État, limiter leurs attributions. Il faut encore développer le sens civique, qui manque trop souvent et qui est la meilleure sauvegarde des libertés publiques. Il faut enfin laisser accessibles aux citoyens, qui en sont dignes par leur caractère et leur intelligence, les diverses fonctions délibérantes. Mais il n'importe pas moins de ne point établir la confusion des pouvoirs, de bien préciser la part du Délibératif et celle de l'Exécutif dans chaque communauté territoriale, de bien examiner si la Justice, l'Armée surtout ne doivent pas être exclusivement des institutions d'État, de maintenir partout le contrôle de l'État, expression suprême de la Loi, tout en supprimant ses excès potestatifs, de soustraire à l'influence des factions ou des coteries politiques les fonctionnaires publics de l'État, du Département, du Canton, de la Commune même; de ne point oublier que, quand il s'agit des fonctionnaires, il faut des règles communes à tout le pays pour leur recrutement, leur avancement, leur sortie du service; de bien définir enfin ce qu'on veut entendre par autonomie communale, par franchises départementales.

Les politiciens superficiels disent volontiers, pour définir l'autonomie :

Les intérêts communaux aux Assemblées Communales ;

Les intérêts cantonaux aux Assemblées Cantonales;

Les intérêts départementaux aux Assemblées Départementales;

Les intérêts nationaux à l'Assemblée Nationale, au Parlement.

Mais ils négligent de faire le départ de ces divers intérêts, surtout d'indiquer les moyens propres à assurer aux diverses collectivités officielles ces fameuses franchises, qui se résument dans un mot historique et sonore, mais qui restent encore bien vagues dans l'esprit des masses.

Nous allons essayer de combler cette lacune.

II

DE L'ÉTAT ET DE SON ACTION

Dans quelle mesure ce qu'on est convenu d'appeler l'Etat doit-il exercer son action prédominante? Qu'est-ce en somme que l'Etat?

Ce sont questions qu'il faut se poser tout d'abord.

Une Nation étant une collectivité d'individus associés entre eux pour gérer certains intérêts communs, l'Etat est à la fois le conseil d'administration et le gérant de ces intérêts indivis. Les sociologues, même républicains, confondent souvent les expressions d'Etat et de Gouvernement.

Cette confusion est inconvenable. Dans une Démocratie, il n'y a pas de Gouvernement distinct de la Nation, puisque celle-ci, maîtresse de ses destinées, se gouverne par elle-même. Appliquer la dénomination monarchique de Gouvernement à l'ensemble des hommes qui, par délégation directe ou indirecte de l'universalité des citoyens, exercent, les uns la puissance législative, les autres le pouvoir exécutif, ou comme on fait encore, seulement à ceux qui exercent ce dernier pouvoir, c'est une étrange aberration, un contre-sens démocratique.

La gérance des intérêts communs, indivis, nationaux, telle est la seule mission de l'Etat. Il comprend le Parlement ou Conseil National et le Conseil des ministres ou Grand Conseil Exécutif, c'est-à-dire l'ensemble des hommes qualifiés d'hommes d'Etat, investis de la confiance de la Nation qu'ils représentent, élus les uns au suffrage direct, les autres au suffrage à plusieurs degrés.

Quels sont, maintenant, ces intérêts nationaux, ces intérêts communs à tous les citoyens d'un pays?

La liste en est facile à dresser :

1. Sécurité à l'intérieur ;
2. Unité et indivisibilité de la République ;
3. Garantie des droits de l'Homme et du Citoyen ;
4. Gestion du trésor national ;
5. Augmentation ou amélioration du capital national ;
6. Sécurité à l'extérieur.

Voilà ce qu'on doit appeler les questions d'Etat, questions primordiales, d'où dépendent l'existence et la durée d'une grande société, comme la société française. Tout intérêt étranger à ces questions n'est plus du ressort de l'Etat. Forcément, il est de la compétence des collectivités moins considérables, qu'il importe à la fois à l'ordre et à la liberté de créer ou de laisser se créer dans un pays et qui constituent comme les étages de l'édifice social, dont l'Etat est le couronnement. Une Nation n'est-elle pas comme un conglomérat de sociétés, de communautés superposées les unes aux autres, depuis la Commune jusqu'à la grande communauté nationale qui se résume dans l'Etat ?

Ceci posé, voyons comment l'Etat peut satisfaire à sa tâche.

Il doit assurer la sécurité à l'intérieur. Pour cela, il créera, entre les Communes, qui sont des agrégations de Citoyens, se formant sans son concours, des agrégations d'origine spontanée, et lui, des communautés intermédiaires plus grandes, comme le Canton, le Département ; puis il placera, à côté des Conseils délibérants et des Conseils exécutifs de ces collectivités d'origine administrative, des agents chargés de veiller à l'exécution et au maintien des lois générales du pays.

Le nombre de ces agents ou fonctionnaires doit être réduit au strict minimum ; leurs attributions, leur rang de préséance doivent être nettement déterminés par les lois organiques ; les abus de pouvoir auxquels ils pourraient se laisser aller, si leur esprit était enclin à l'arbitraire, doivent être prévus par le législateur. Ils doivent dépendre absolument du Pouvoir central, mais être justiciables des tribunaux ordinaires, s'il leur arrive de sortir du rôle que la Loi leur assigne. Ils doivent encore être subordonnés les uns aux autres, de façon que leur responsabilité s'accroisse avec leur élévation dans la hiérarchie.

C'est sur leur vigilance que l'Etat doit compter pour assurer la solidarité nationale, l'unité et l'indivisibilité de la Patrie.

Ils dénoncent sans retard au Conseil des ministres toute atteinte des pouvoirs locaux aux intérêts de la Patrie.

Si l'on suppose réduites à deux les divisions administratives intermédiaires entre la communauté nationale et les communautés urbaines et rurales, — le Département, le Canton (2 à 3 par département, suivant l'étendue), — les agents de l'Etat, nécessaires pour veiller au maintien de l'unité nationale, doivent être réduits à un Commissaire départemental et à deux, au plus trois Commissaires cantonaux par département. Ces fonctionnaires, n'ayant pas dans leurs attributions, comme les préfets et les sous-préfets créés par la Constitution consulaire et centralisatrice à l'excès de l'an VIII, la gestion des intérêts locaux qui ne sont pas de leur compétence, une réduction de leurs émoluments s'impose. Agents de l'Etat, ils ont le droit de faire entendre sa voix dans les Conseils délibérants et dans les Conseils exécutifs des Cantons et des Départements, mais ils ne prennent aucune part à la gestion des intérêts locaux. Il devient donc inique d'obliger le Canton ou le Département à fournir le logement au Commissaire cantonal ou départemental de la République. C'est à l'Etat qu'incombe cette dépense.

Ces fonctionnaires cessent d'attirer à eux, pour être centralisées au chef-lieu du département ou même dans la capitale, après transmission par eux au Ministère de l'intérieur, une foule d'affaires locales qui ne réclament ni leur concours, ni celui de l'Etat.

III

DE L'AUTONOMIE DES DIVERSES COMMUNAUTÉS TERRITORIALES.

Avec une représentation ainsi définie, ainsi limitée du pouvoir central, le Canton, le Département acquièrent une vie propre, indépendante de l'État. Chaque collectivité gère ses intérêts comme elle l'entend, pourvu qu'en recherchant la satisfaction de ses désirs elle ne porte pas atteinte à l'intérêt national. Elle a son autonomie administrative. Il va de soi, que si, pour quelque création importante, nécessitant des ressources au-dessus de celle dont elle dispose, une collectivité cantonale a besoin de l'aide départementale, elle s'adressera directement, par pétition, au Conseil départemental. De même des départements ayant besoin de l'assistance nationale. Le Parlement est habile à recevoir les pétitions des Conseils départementaux.

Les Commissaires de la République font partie des Commissions d'enquête ordonnées par les Départements ou par l'État ; mais ils ne sauraient en avoir la présidence.

En ce qui concerne les emprunts que peuvent vouloir faire les communautés cantonales ou départementales, l'intervention de l'État, son autorisation préalable deviennent inutiles, si la question des emprunts se trouve réglée par une Loi périodique. Une collectivité quelconque ne saurait emprunter, c'est-à-dire engager l'avenir au delà d'un maximum proportionnel à ses revenus ordinaires, double, triple ou quadruple, — suivant l'importance de la collectivité, sa population, la richesse de son sol, l'étendue de son territoire, — de la moyenne décennale du rendement de ses impôts.

Ce que nous venons de dire s'applique aussi aux Communes. Si une Commune est pauvre, elle a recours au Canton. Si le Canton ne peut rien pour elle, il a recours au

Département. Si celui-ci ne peut pas davantage, il a recours à l'Etat. Ainsi peut se pratiquer, de façon légale et régulière, la solidarité nationale. Et si la Commune ne veut point recourir à une collectivité plus riche, elle peut emprunter : elle sait d'avance jusqu'à concurrence de quelle somme elle peut légalement émettre les titres de son emprunt.

Faisons remarquer que, la plénitude des libertés communales étant la véritable base d'un régime démocratique, l'Etat n'entretient pas de représentants auprès des Communes, qui ne sont pas des circonscriptions territoriales proprement dites, mais des communautés se constituant librement, de par la volonté souveraine des Citoyens libres. En fait d'administration municipale, la question du plus ou moins d'étendue du territoire est secondaire.

Pour bien faire comprendre comment, dans un pareil système démocratique, l'autonomie absolue ne saurait porter atteinte à l'unité nationale, supposons la violation des lois générales du pays par les pouvoirs locaux.

Si les Conseils communaux, délibérants ou exécutifs, dont tous les actes sont publics, portent atteinte, par leurs délibérations ou par leurs arrêtés, aux intérêts nationaux, le Commissaire cantonal de la République a le devoir de signaler la violation de la loi en même temps au Commissaire départemental et au Conseil exécutif cantonal.

Qu'un Conseil cantonal, délibérant ou exécutif, à son tour, vienne à violer la loi, le Commissaire cantonal en réfère au Commissaire départemental, qui poursuit l'affaire devant le Conseil exécutif départemental.

Qu'enfin un Conseil de Département oublie aussi qu'au dessus des intérêts départementaux planent les intérêts généraux du pays, le Commissaire départemental en réfère au Conseil exécutif national.

Si les difficultés suscitées par les violateurs de la loi sont de nature à troubler la paix publique, les Commissaires cantonaux et départementaux sont autorisés, sous leur propre responsabilité, à requérir d'urgence la force publique.

Une pareille organisation offre toutes les garanties désirables pour la sécurité générale à l'intérieur, pour l'unité et l'indivisibilité de la République.

IV

DES POUVOIRS PUBLICS. — DES MAGISTRATS DE L'ORDRE JUDICIAIRE ET DE L'ORDRE ADMINISTRATIF.

> La liberté, l'égalité, la sûreté, la propriété, la garantie sociale, la résistance à l'oppression, sont les bases du pacte social.
> (Condorcet.)

Nous avons dit que l'État devait garantir les droits de l'Homme et du Citoyen, la sécurité individuelle, la famille, la propriété, la liberté, l'égalité, le droit au travail, le droit au vote.

C'est principalement par le moyen des Cours de justice et des corps de judicature qu'il satisfait à cette partie si importante de sa tâche.

La Constituante de 1789 distinguait trois pouvoirs :

Le Législatif,

L'Exécutif,

Le Judiciaire.

Le régime centralisateur de l'an VIII fit disparaître cette trinité des pouvoirs. Le Judiciaire procéda désormais de l'Exécutif. L'inamovibilité du juge fut établie, en apparence pour lui donner l'indépendance dont il a besoin, au fond pour le mettre dans la dépendance absolue d'un maître, qui voulait étayer son despotisme naissant sur l'Armée, la Magistrature administrative, la Magistrature judiciaire, voire même sur le clergé.

Assurément, le pouvoir judiciaire est une partie du pouvoir exécutif. Notre première Assemblée nationale eut été beaucoup plus dans le vrai, si elle s'était bornée à ne distinguer que deux pouvoirs :

Le Législatif ou Délibératif,

L'Exécutif, se subdivisant en Exécutif administratif et Exécutif judiciaire.

De cette distinction plus rationnelle, on peut déduire le mode de recrutement des magistrats de l'ordre administratif et de l'ordre judiciaire.

Chaque Conseil délibérant choisit son Directoire ou Conseil exécutif, chargé des actes administratifs de la communauté, qu'il s'agisse de la Commune, du Canton, du Département, de la République.

D'autre part, chaque collectivité a son tribunal. Les juges du Tribunal communal sont choisis par le Conseil délibérant de la Commune ; ceux du Tribunal Cantonal par le Conseil délibérant du Canton, et ainsi de suite jusqu'au Tribunal national, suprême ou de cassation, dont les membres sont choisis par le Parlement. Les juges ordinaires sont donc élus au 2e, les juges suprêmes au 3e degré. Naturellement la compétence des tribunaux est proportionnelle à leur importance. Il en est de même du nombre des juges. Il va de soi, que pour chaque Tribunal, les conditions d'éligibilité des juges comportent un diplôme juridique. De plus, nul ne peut être juge du Tribunal cantonal, s'il n'a été juge d'un Tribunal communal ; juge au Tribunal départemental, s'il n'a été juge d'un Tribunal cantonal; juge au Tribunal national, s'il n'a été juge d'un Tribunal de département.

Chaque tribunal, outre les juges, comprend un Jury, élu au suffrage direct, en matière correctionnelle comme en matière criminelle, et, de plus, un Commissaire judiciaire de la République, chef du parquet et nommé par le Ministre de la Justice, garde des sceaux.

Nul citoyen ne peut être à la fois membre d'un corps délibérant et magistrat, soit de l'ordre administratif, soit de l'ordre judiciaire. Les membres des Directoires et Tribunaux communaux ne reçoivent pas l'investiture de l'Etat. Tous les autres magistrats de l'ordre administratif et de l'ordre judiciaire, une fois choisis par les Conseils délibérants, sont proposés, par l'intermédiaire des Commissaires territoriaux ou judiciaires de la République, à l'acceptation du grand Conseil exécutif. Le ministre de l'Intérieur ou de la Justice donne l'investiture, suivant qu'il s'agit de l'un ou de l'autre ordre. Une fois investis, administrateurs ou juges, s'ils ne déméritent pas ou ne se mettent point dans le cas d'être révoqués, suivent régulièrement leur carrière, d'après les lois et règlements, sous le double contrôle des Conseils délibérants et de l'Etat.

Les deux ordres, totalement indépendants l'un de l'autre, relèvent à la fois des Conseils délibérants et du Conseil des Ministres.

Ce système de recrutement et d'avancement des Administrateurs et des Juges permet aux communautés territoriales de s'intéresser au bon fonctionnement de l'Administration et de la Justice. Tout en décentralisant, il maintient le contrôle de l'Etat au Canton et au Département.

Le contrôle de l'Etat, entraînant pour lui la facilité de ratifier ou de ne pas ratifier les choix faits par les Conseils délibérants des Cantons et des Départements, est suffisant pour que soient sauvegardés, contre toute communauté qui se laisserait aller à les méconnaître, les droits de l'Homme et du Citoyen inscrits au frontispice de la législation nationale.

V

DE LA FORCE PUBLIQUE DANS LES DIVERSES COMMUNAUTÉS TERRITORIALES

> La garantie des droits de l'Homme et du
> Citoyen nécessité une Force publique.
> Cette Force est donc instituée pour l'a-
> vantage de tous et non pour l'utilité par-
> ticulière de ceux auxquels elle est con-
> fiée.
> (Art. 12 de la Déclaration des droits de
> l'Homme et du Citoyen).

Les bases de l'Administration et de la Justice étant ainsi
posées, il convient de se préoccuper de la création d'une
Force publique à la Commune, au Canton, au Département.

Cette Force publique ou Garde civique comprendra, pour
les Communes, des gardes urbaines ou rurales, suivant
qu'il s'agira d'une ville ou de plusieurs communes villa-
geoises du même canton, se fédérant pour constituer et entretenir les agents armés dont elles ont besoin. L'unité
d'organisation sera la compagnie pour les gardes rurales,
le bataillon pour les gardes urbaines, le régiment pour les
grandes villes, qui pourront lever une troupe à pied et une
troupe à cheval. Chaque compagnie rurale comprendra une
section, chaque bataillon une compagnie, chaque régiment
un bataillon de sapeurs-pompiers. Les sergents de ville,
agents de police, gardiens de la paix, gardes champêtres et
gardes républicains seront supprimés. Leur service sera
fait par les Gardes civiques, qui ne seront que des troupes
de police, préposées à la garde des monuments et des services publics municipaux, au maintien du bon ordre, à la
recherche et à l'arrestation des malfaiteurs et des fauteurs
de désordre. Ces troupes de police, levées, entretenues et

soldées par les communes, seront organisées comme le corps des gardiens de la paix de la Ville de Paris ; elles ne seront pas casernées ; mais, toute troupe organisée en armes devant, en ce qui concerne l'instruction, l'avancement, la discipline, l'uniforme, l'armement, les inspections, relever du Ministère de la guerre, les règlements militaires leur seront appliqués dans toute leur rigueur. Nul soldat ne pourra s'enrôler dans les Gardes civiques avant son passage dans la réserve de l'Armée active. Il importe de ne pas dégarnir les troupes de campagne au profit des troupes de police, les troupes qui doivent garantir la sécurité aux frontières au profit de celles qui font respecter l'ordre à l'intérieur. En temps de guerre, les Gardes civiques pourront être mobilisées pour la défense de la Patrie.

Ajoutons que chaque commune importante ou chaque fédération de communes aura son chef de police locale (commissaire actuel de police).

Le Canton n'entretiendra pas de Garde civique. La Gendarmerie, entretenue par l'État, deviendra la garde cantonale. L'unité d'organisation, dans la troupe cantonale de police, sera le bataillon. La garde cantonale, à pied comme à cheval, sera uniquement à la disposition du parquet des Tribunaux cantonaux et départementaux et à celle des Commissaires cantonaux et départementaux de la République. Elle fournira les postes des prisons.

Il n'y aura pas de garde départementale. Les corps de troupes actives cantonnés dans le département en tiendront lieu.

L'État entretiendra au Canton un sous-directeur, au Département un directeur de la police. Ces agents, subordonnés aux Commissaires judiciaires et aux Commissaires territoriaux de la République, remplaceront les commissaires actuels de police.

Cette organisation de la police communale et des polices cantonale et départementale, celle-là toute locale, celles-ci toutes d'État, est simple et logique. En complétant l'organisation administrative et judiciaire que nous avons proposée, elle suffirait à aider Administrateurs et Juges dans l'accomplissement de leur tâche, qui se résume dans le maintien de la sécurité sociale et individuelle, de la sécurité pour tous et pour chacun.

VI

DE LA PERCEPTION DES TAXES PUBLIQUES

> Pour l'entretien de la Force publique et pour les dépenses d'Administration, une contribution commune est indispensable : elle doit être également répartie entre tous les Citoyens EN RAISON DE LEURS FACULTÉS.
> (Art. 13 de la Déclaration des droits de l'Homme et du Citoyen).

Dans la gestion du Trésor national, il faut distinguer la perception et l'emploi.

Ce qu'on peut dire sur l'emploi des deniers nationaux rentre dans la question de l'augmentation et de l'amélioration du capital national. Nous en parlerons plus loin.

Ce qu'on peut dire de la perception des fonds, destinés à alimenter le Trésor de l'Etat, demanderait peut-être une détermination préalable de la nature des contributions à lever sur les citoyens, après consentement de l'Assemblée Nationale. Mais nous nous réservons de faire des contributions publiques le sujet d'une étude spéciale.

Supposons seulement que la contribution directe, payée par chaque citoyen proportionnellement à ses biens meubles et immeubles, soit devenue la principale ressource du Trésor national et que les diverses contributions indirectes ne soient plus qu'une ressource accessoire ou extraordinaire.

Le législateur aura le souci de fondre en une seule admi-

nistration les diverses administrations des contributions
directes, de l'enregistrement et du timbre, des contributions indirectes, des douanes, ainsi que le personnel actuel
des percepteurs, receveurs particuliers et trésoriers-payeurs
généraux.

L'Administration des Finances comprendra, au chef-lieu
du département et au chef-lieu du canton, sous la surveillance d'un directeur départemental et de sous-directeurs
cantonaux, assistés d'inspecteurs, contrôleurs ou vérifica-
teurs, — peu importe la dénomination, pourvu qu'elle soit
commune à tous les services — une série d'agents qualifiés
de receveurs cantonaux et de receveurs départementaux
des contributions nationales. On distinguera :

1° Les receveurs des taxes mobilières et immobilières ;

2° Les receveurs des taxes d'enregistrement, de timbre
et d'hypothèques ;

3° Les receveurs des taxes sur les objets de luxe et les
denrées (non indispensables à la consommation journa-
lière), — taxes somptuaires ;

4° Les receveurs des douanes dans les départements-
frontières.

Le personnel des directeurs, sous-directeurs, inspecteurs, contrôleurs et commis sous leurs ordres sera chargé
d'établir, après révision du cadastre, l'assiette de l'impôt
foncier, de déterminer, d'après la loi et les règlements administratifs, pour chaque taxe, la quotité afférente à chaque
contribuable.

Les dénominations de percepteurs, receveurs particuliers, trésoriers-payeurs généraux, qui sont, — on peut se
demander pourquoi, — variables avec le degré d'élévation
de l'agent dans notre hiérarchie fiscale, seront supprimées.
Les trésoriers-payeurs généraux deviendront des receveurs
départementaux des taxes dites jusqu'ici directes. Ils cesse-
ront d'être des banquiers pouvant prêter à l'État et le tenir
dans leur dépendance, comme la chose s'est manifestée
clairement le jour où un ministre des finances, qui fut

2

obligé de se retirer pour cela, s'avisa d'indiquer comme réforme utile la suppression des receveurs généraux. Le receveur départemental déposera les fonds versés dans sa caisse par les receveurs cantonaux à la succursale départementale de la Banque de France.

Les administrations qui exploitent les monopoles de l'Etat, si ces monopoles sont maintenus ou étendus, — ce qui semble nécessaire, car ils constituent une importante source de revenus (tabacs et allumettes, poudres et salpêtres, postes et télégraphes, chemins de fer), — ressortiront à un ministère unique, celui des travaux publics. Ils comprendront un double personnel :

Celui d'exécution ;

Celui de la perception des taxes.

Avec un pareil système, les rouages financiers de l'Etat seront simples. Chaque citoyen comprendra facilement quelles taxes il doit acquitter, à quelle caisse il doit aller les verser. L'administration financière de notre pays cessera d'être une mosaïque, — très habilement faite, mais inintelligible à la masse des contribuables, — de fonctionnaires ornés de qualifications multiples, souvent bizarres, parfois variant, comme les modes, suivant les temps ou le caprice des directeurs généraux et des ministres.

L'État n'aura pas d'agents financiers à la Commune.

Les Communes, les Cantons, les Départements auront leurs percepteurs des taxes communales, cantonales, départementales. Ces taxes seront perçues par ces fonctionnaires locaux en dehors des taxes nationales. Les taxes, que les corps délibérants locaux pourront imposer à leurs concitoyens, ne devront pas dépasser un maximum fixé, pour chaque Département, par une Loi périodique, pour chaque Canton, par un arrêté du Conseil départemental, pour chaque Commune, par une décision du Conseil cantonal. Les fonds communaux, cantonaux, départementaux resteront distincts des fonds d'Etat. Il en sera de même des agents financiers des diverses communautés : en principe, ils ne se confondront pas avec ceux de l'État. Toutefois, les Administrations cantonales et départementales pourront, si elles le désirent, passer un contrat avec l'Etat, en vue de la perception, par les agents nationaux, des contributions spéciales aux Cantons et aux Départements.

Mais le principe de la distinction des fonds d'État, départementaux et cantonaux devrait subsister, même au cas de la perception par les mêmes agents des deniers locaux et des deniers nationaux.

Ainsi, les diverses communautés territoriales resteront maîtresses de la gestion de leurs finances. Trois règles domineront seules l'exercice de la liberté financière, concédée à la Commune, au Canton, au Département :

1° Les communautés devront se constituer une réserve proportionnelle à la moyenne annuelle du rendement de leurs impositions ;

2° Les contributions dites directes devront constituer la ressource principale des diverses communautés ;

3° Une communauté quelconque ne pourra emprunter au delà d'un maximum proportionnel à la moyenne décennale du rendement de ses impôts (principe déjà indiqué précédemment).

Ces règles, qui sont d'intérêt général, seront énoncées dans une Loi.

VII

DU CAPITAL NATIONAL.

La question de l'amélioration et de l'augmentation du capital national est très complexe.

L'État doit, en effet, se préoccuper tout autant du développement matériel que du développement intellectuel et moral du pays. Il faut distinguer :

1° Un capital matériel, comprenant le Trésor public et le capital matériel proprement dit ;

2° Un capital intellectuel.

Le capital matériel proprement dit comprend :

Les routes nationales,

Les canaux et voies fluviales,

Les voies ferrées,

Les lignes télégraphiques,

Les ports,

Les mines,

Les domaines de l'État,

Les divers établissements nationaux.

Ce capital se développe au moyen des travaux publics. Ceux-ci ont donc pour but de faciliter les communications, le transport et l'échange des matières premières, des denrées, des produits. Ils donnent au producteur et au consommateur le moyen de faire rapidement les offres et les demandes. Il convient que l'État ait des administrations répondant aux nécessités, qui découlent de sa préoccupation à se constituer le serviteur entendu du public et à contribuer, pour sa part, au développement de l'aisance générale.

Les établissements de l'État sont de diverses sortes. Il y a :

Des palais nationaux, des établissements administratifs, financiers, agricoles, industriels, militaires, maritimes, artistiques, scolaires.

Trop souvent, les Communes et les Départements sont invités, moralement contraints même, à participer aux frais d'édification et d'entretien des établissements de l'État. C'est une anomalie. L'État doit seul supporter la charge des édifices nationaux. Au contraire, les diverses communautés territoriales doivent pouvoir, non seulement faire construire, sans autorisation de l'État, les établissements administratifs, commerciaux, industriels, agricoles, artistiques et scolaires dont elles ont besoin, mais encore recourir à l'État, si leurs ressources ne concordent pas avec leurs besoins dûment examinés et reconnus.

C'est surtout en fait d'établissements scolaires que la tutelle de l'État est pesante aux diverses communautés territoriales. Une Commune n'a pas le droit d'avoir son collège exclusivement à elle ! Un Département ne peut être seul propriétaire d'un lycée !

Nous voici, d'ailleurs, en plein examen du capital intellectuel et moral de la nation. Parler des établissements d'instruction et d'éducation, ce n'est autre chose que s'occuper de la satisfaction des besoins intellectuels et moraux du pays.

Nous n'hésitons pas à le dire : c'est surtout en instruction publique qu'il faut décentraliser. Le vieil édifice universitaire, œuvre de Napoléon Ier et de M. de Fontanes, d'un autocrate peu scrupuleux et d'un littérateur de second ordre, est encore debout. L'État continue à diriger seul les lycées départementaux. Que l'État exerce son contrôle sur les établissements d'instruction secondaire comme sur les écoles d'instruction primaire, cela se comprend. L'État, origine et expression de la Loi, veille à son maintien. Il est gardien de la loi scolaire comme des autres lois. Mais la mission de veiller au respect de la Loi n'entraîne point l'application de la loi uniquement par l'État. S'il en était ainsi, les diverses communautés territoriales, la Commune, le Canton, le Département, n'auraient aucune initiative. Ce serait la négation de la liberté. L'autonomie des communautés territoriales est basée précisément sur le droit qu'elles doivent avoir, — qu'il ne faut point leur dénier, — de régler elles-mêmes les questions relatives à leur capital matériel et à leur capital intellectuel.

Or, en instruction publique, l'État, actuellement, est omnipotent, omniscient, omnifaisant. Au lieu de se réserver simplement l'instruction supérieure, qu'elle soit générale, spéciale, professionnelle ou artistique, il continue à déclarer qu'il est seul capable de faire fonctionner l'instruction secondaire. L'Université entend rester une providence centralisatrice et autoritaire. Aussi, tout en admettant la nécessité des réformes, elle a des réticences. Il lui en coûte de céder à la poussée sociale, de rompre avec ses traditions, de voir tomber son antique bâtisse. Rien d'étonnant que les grandes Communes cherchent à tourner la loi et créent des écoles primaires supérieures qui, au fond, ne sont que des établissements d'instruction secondaire. Et l'Université de jeter les hauts cris, de crier à l'inégalité. Si on la laissait faire, elle mettrait bientôt la main sur toutes les écoles dites primaires supérieures et leur imposerait son personnel d'État.

Il n'y a qu'un moyen de faire cesser les illégalités municipales, c'est de jeter bas l'Université impériale. C'est un nouvel édifice qui doit être construit. Si le législateur veut faire œuvre bonne, il donnera aux Départements et aux Cantons le droit et le devoir d'organiser l'instruction secondaire. Il concèdera même aux communes grandes et riches, ayant une population au-dessus d'un maximum à fixer, le droit d'avoir, elles aussi, des écoles secondaires d'enseignement général ou d'enseignement technique. Il conservera seulement à l'État le monopole de l'instruction supérieure et de la collation des diplômes et certificats scolaires. Il lui laissera le droit de contrôle et de surveillance, au moyen d'inspectorats, sur tous les établissements privés ou publics d'instruction primaire et secondaire. Il fera disparaître les doubles qualificatifs de primaire élémentaire, primaire supérieure, secondaire classique, secondaire spécial. Il reléguera l'étude des langues mortes dans le programme des écoles départementales et régionales. Il rayera du vocabulaire scolaire toutes les appellations surannées, renouvelées des Grecs et des Latins ou conservées des jésuites, comme académie, faculté, école normale, baccalauréat, lycée, collège, recteur, vice-recteur, doyen, proviseur, censeur, principal, préfet des études, régent, économe, maître-répétiteur, instituteur. Il décidera qu'il n'y aura plus que des directeurs, sous-directeurs, professeurs, comptables et surveillants dans toutes les écoles du territoire de la République. Il dénommera les écoles ainsi qu'il suit :

Ecoles primaires communales ;

Ecoles secondaires municipales, cantonales, départementales ;

Ecoles supérieures régionales ;

Ecoles spéciales nationales.

Il prescrira que les écoles des trois premiers degrés pourront avoir des annexes spéciales, techniques ou professionnelles, agricoles, commerciales, industrielles, juridiques, médicales. Il inscrira dans la loi scolaire l'obligation de l'unité d'enseignement et de l'uniformité des programmes. Il énoncera enfin les règles à suivre pour le recrutement du personnel enseignant et l'obtention des diplômes et certificats d'instruction générale ou technique. Ce seront les seules restrictions apportées à l'autonomie scolaire des Communes, des Cantons et des Départements.

Ces réformes radicales auront certainement d'heureux résultats. Elles revivifieront le personnel enseignant, qui cessera bien vite d'être imbu d'idées d'un autre âge et acquerra la notion exacte des besoins scolaires du temps présent. Elles donneront à la France des générations qui, sans perdre le sentiment de l'unité nationale, ne prendront pas de la centralisation le goût abusif que l'Université continue à donner inconsciemment, par la force même des choses, à ceux qu'elle reçoit dans son giron ou qu'elle élève sur ses genoux de vieille mère caduque.

VIII

DE LA FORCE ARMÉE NATIONALE

En ce qui concerne la sécurité aux frontières, l'Etat seul peut en être chargé. Il doit organiser et entretenir la Force nationale destinée à protéger les frontières et à sauvegarder l'intégrité du territoire.

La Force nationale ou l'Armée comprend le personnel, le matériel et les établissements militaires. Cette force ne saurait être qu'à la disposition de l'Etat. Pas n'est besoin d'insister sur ce point. Les conditions, dans lesquelles les Nations se trouvent placées lorsqu'elles ont à défendre leur indépendance contre un voisin querelleur et rapace, ne permettant pas le retour à des milices communales ou paroissiales du genre de celles dont fit usage Philippe-Auguste à Bouvines et dont voulait faire usage Louis XIV, vers la fin de son règne, si Villars, commandant la dernière armée royale, n'avait pas triomphé à Denain.

Certains socialistes, qui ne comprennent pas le système des milices de la Confédération Suisse, rêvent pour notre pays l'établissement d'une garde nationale, organisée à la Commune, exclusivement à sa charge et à sa disposition pendant la paix, probablement, bien qu'ils ne le disent pas, mobilisée et prise en charge par l'Etat au jour du danger national. Anarchie, déchirements et violences à l'intérieur, faiblesse aux frontières, démembrement de la Patrie, tels seraient, à n'en pas douter, les résultats de la mise en action des diverses forces locales, sans lien entre elles, au service d'intérêts opposés, soumises à des impulsions variables. Les Communes puissantes attaqueraient bientôt les Communes faibles. Proie facile ! Une féodalité communale, plus oppressive que la féodalité seigneuriale du moyen âge, voilà ce que finirait par présenter la France ! Heureuses encore les petites Communes, si, par une fédération bien entendue, elles parvenaient à se soustraire à l'esclavage et à faire mentir le fabuliste :

La raison du plus fort est toujours la meilleure.

En présence d'une utopie aussi dangereuse et malsaine, il faut se rappeler cet aphorisme :

La force armée est une épée à deux tranchants.

Qu'elle soit aux mains d'un homme ou d'une collectivité, c'est tout comme !

IX

DE LA PROTECTION DES INTÉRÊTS NATIONAUX

Enfin l'Etat peut seul assurer la sécurité à nos nationaux, voyageurs ou faisant le commerce à l'étranger, leur garantir le bénéfice des lois françaises, faire respecter notre pavillon flottant sur nos navires de commerce qui sillonnent les mers, protéger nos colonies et les pays qui ont accepté notre protectorat, trancher, de concert avec les autres Etats du globe, les difficultés internationales qu'engendrent des aspirations politiques opposées.

C'est au moyen de sa Marine de guerre et de ses représentants à l'étranger, — ambassadeurs, ministres plénipotentiaires, résidents, chargés d'affaires, consuls, — qu'il pourvoit à la satifaction de ces divers intérêts nationaux.

X

DES DROITS COMMUNAUX

La mission de l'Etat, — gérance des intérêts communs et indivis, — étant déterminée ainsi que nous l'avons fait, l'autonomie des diverses communautés territoriales s'établit facilement.

La Commune, base de l'édifice social, a sa liberté plénière. Cette liberté, par définition même, n'a d'autre limite que l'obligation, rendue effective par la loi, de ne porter ni atteinte à la liberté des Communes voisines, ni préjudice aux intérêts de la Communauté territoriale plus grande, dont, en vertu du principe de la solidarité, il est avantageux pour la Commune de faire partie.

La Commune est maîtresse de tous les services communaux, — budget (établissement, assiette et perception des contributions), enseignement, assurances, caisses d'épargne et des retraites, assistance publique (orphelinats, asiles d'aliénés, maisons de refuge, secours à domicile, hôpitaux), hygiène publique, police, voirie, égouts, chaussées, digues, assainissements, jardins, squares, plantations, promenades, serres, pépinières, potagers, cimetières, incinération ou inhumation, cortèges funèbres, — tels qu'ils sont déterminés par la Loi. Elle a ses agents à elle, soldés par elles, se recrutant et suivant leur carrière selon le mode indiqué par la Loi.

Les Cantons et Départements sont moins des communautés essentielles à l'existence de la Démocratie que des traits d'union administratifs entre la communauté nationale et les communautés municipales. Ils ont donc des franchises moindres que celles des Communes.

XI

DE QUELQUES CONSÉQUENCES

Il convient d'examiner maintenant quelques-unes des conséquences, naturelles ou nécessaires, d'un pareil système démocratique.

L'une des deux divisions administratives actuelles, canton ou arrondissement, disparaît.

Chaque Communauté territoriale a :

Son Conseil délibérant, élu au suffrage direct et au scrutin de liste ;

Son Conseil exécutif, pris en dehors du Conseil délibérant, mais dans sa dépendance ;

Sa Cour judiciaire, comprenant une ou plusieurs chambres, selon la compétence du tribunal, la nature et la quanlité des affaires (chambre civile, chambre des contraventions et délits, chambre des crimes, chambre du contentieux administratif, chambre commerciale, chambre des prud'hommes).

Les tribunaux spéciaux administratifs (Conseils de préfecture, Conseil d'Etat) sont supprimés. Il en est de même des préfets, secrétaires généraux, sous-préfets, maires et adjoints.

La singulière confusion des pouvoirs, qui attribue aux préfets actuels, agents de l'Etat, la puissance exécutive départementale et qui, par contre, permet à un maire d'être investi du double pouvoir exécutif et délibératif, d'être à la fois un officier de l'état civil, représentant de la Loi, un administrateur et un conseiller, à un législateur d'être ministre, de faire la loi et de l'appliquer, voire même avant cela, de la proposer et de la faire élaborer en dehors du Parlement par un Conseil dit d'Etat, n'existe plus dans le nouvel organisme politique.

Les séances de tous les Conseils sont publiques ; les comptes-rendus sont affichés ou publiés. Les diverses collectivités sont libres d'avoir un Bulletin officiel.

Les Conseils communaux prennent des délibérations, les Conseils cantonaux des décisions, les Conseils départementaux des arrêtés, l'Assemblée nationale des décrets. Les divers pouvoirs exécutifs rendent des ordonnances.

Dans certains cas déterminés par la loi, les actes des Conseils électifs sont ratifiés par le vote populaire ou plébiscite.

Les corps délibérants ont la préséance sur les corps exécutifs de l'ordre administratif, judiciaire et militaire.

La représentatio . populaire n'est point une carrière. Elle exige cependant que les Citoyens, dignes, en raison de leurs qualités morales et intellectuelles, d'être appelés par la confiance de leurs concitoyens, à délibérer sur les affaires publiques, acquièrent l'habitude des discussions et des procédés parlementaires.

En conséquence, nul Citoyen ne peut être membre du

Conseil cantonal, s'il n'a fait partie du Conseil de sa Commune; membre du Conseil départemental, s'il n'a fait partie du Conseil de son Canton; membre de l'Assemblée nationale, s'il n'a fait partie du Conseil de son Département.

Toutes les fonctions électives sont rétribuées.

La durée du mandat communal est d'une année, du mandat cantonal de deux années, du mandat départemental de trois années, du mandat national de quatre années.

Nul ne peut être mandataire de la Commune avant l'âge de 25 ans.

Tout Conseil délibérant, son travail annuel terminé, mais non avant, peut se préoccuper des questions sociales, politiques, économiques, militaires, dont la solution importe à l'avenir de la République. Il peut émettre des vœux par voie de pétitions.

Le Conseil communal est, dans tous les cas, l'intermédiaire entre les Citoyens qui pétitionnent et le Conseil cantonal. S'il y a lieu, celui-ci en réfère au Conseil départemental, ce dernier au Conseil national.

Les Conseils délibérants se réunissent à époques fixes, sans décrets spéciaux de convocation. Chaque session trimestrielle dure deux mois et quinze jours, sauf celle du dernier trimestre de l'année. Cette session n'est que de deux mois. Les élections générales ont toujours lieu dans la seconde quinzaine de décembre; les élections partielles ou complémentaires toujours dans la dernière quinzaine du trimestre.

Chaque Conseil vérifie et valide lui-même les élections au moyen desquelles il se recrute.

XII

DE LA CAPITALE

Il va de soi que le droit commun est applicable à toutes

les Communes, même à la Capitale, à tous les Cantons, à tous les Départements.

Toutefois, il faut remarquer que Paris est une ville monstre, une ville exceptionnelle, dont les diverses parties n'ont pas toujours les mêmes intérêts municipaux; que, tôt ou tard, l'enceinte fortifiée actuelle, qui est aussi un mur d'octroi, ne répondant plus aux nécessités de la défense éloignée, sera démolie et remplacée par une chemise de sûreté, reliant les anciens forts du Sud, de l'Est et du Nord, — Issy, Vanves, Montrouge, Bicêtre, Ivry, Charenton, Nogent, Rosny, Noisy, Romainville, Aubervilliers, — rejoignant la Seine à Saint-Ouen, formant avec elle une immense ligne circulaire continue, englobant dans Paris : Clichy, Neuilly, Boulogne, les bois de Boulogne et de Vincennes, tout le territoire compris dans le cercle qu'elle limitera, faisant enfin de la Capitale une ville plus monstrueuse encore.

Dans ces conditions, Paris devra être divisé en trois Communes :

Paris sud, ou rive gauche.
Paris est,
Paris ouest.

Chacune de ces communes aura son Conseil délibérant et son Conseil exécutif.

Le département de la Seine sera supprimé.

De plus, la situation annulaire de la banlieue, laissée en dehors de la nouvelle enceinte, et du département de Seine-et-Oise, les empêchant d'avoir leur vie propre, indépendante de celle de Paris et laissant toute la partie orientale de Seine-et-Oise trop éloignée de son chef-lieu, privée de communications directes avec lui, Seine-et-Oise formera avec Seine deux nouveaux départements :

Seine-et-Oise sur la rive droite de la Seine ;
Seine-et-Bièvre sur la rive gauche.

Les trois Communes parisiennes formeront le Canton de Paris. Le Conseil délibérant et le Conseil exécutif du Canton de Paris seront complètement distincts des Administrations communales.

Ces nouvelles divisions territoriales auront un double résultat. Elles couperont court aux terreurs des centralistes, peu soucieux de voir le Paris actuel autonome, jouissant des mêmes droits que toute autre Commune. Elles feront cesser les anomalies actuelles. Les intérêts des quartiers périphériques de Paris ne seront plus sacrifiés à ceux des quartiers centraux. Les intérêts du territoire, dit banlieue de Paris, ne le seront plus à ceux de la capitale. En un mot, la banlieue ne sera plus le satellite annulaire de la capitale, le département de Seine-et-Oise, le satellite annulaire de celui de la Seine.

XIII

DE LA NÉCESSITÉ PROBABLE DE COMMUNAUTÉS RÉGIONALES

Il convient, en dernier lieu, d'examiner si ne pourrait pas se faire sentir, peut-être, le besoin d'une communauté territoriale intermédiaire entre la grande communauté nationale et les communautés départementales.

D'une part, certains intérêts agricoles et industriels, de l'autre, certains services publics comme la Justice, l'Enseignement, l'armée semblent réclamer une division du territoire en régions.

Déjà existent les régions militaires des corps d'armée. D'autres divisions régionales existent aussi : les ressorts des Cours judiciaires d'appel, les ressorts académiques de l'Université. Ces circonscriptions administratives spéciales se chevauchent les unes sur les autres (1). Sauf pour les

1. Je laisse, à dessein, de côté les divisions ecclésiastiques. Le jour où les religions auront cessé d'être officielles, où les paroisses seront séparées des communes, les Églises de l'État, suivant l'expression consa-

régions militaires, basées sur des nécessités défensives, généralement faciles à démontrer, des usages et des traditions, des convenances particulières aux villes et aux fonctionnaires, bien plus que la logique et le souci d'une répartition rationnelle des services publics sur le territoire, ont déterminé la délimitation des ressorts des tribunaux d'appel et des ressorts académiques.

Il pourrait y avoir, au point de vue de la Décentralisation, de sérieux avantages à grouper, dans les mêmes centres, les chefs-lieux des corps d'armée, ceux des cours d'appel, ceux de l'enseignement supérieur général et technique.

Et, peut-être, s'en suivrait-il la constitution de Conseils délibérants et de Conseils exécutifs régionaux, appelés à résoudre certaines questions d'intérêts particuliers aux diverses régions.

Le corollaire naturel de cette création serait l'institution de Commissaires régionaux de la République, représentants de l'État. Il y aurait lieu, en effet, de calmer les appréhensions de ceux que pourraient hanter le sceptre d'un nouveau fédéralisme provincial à la façon des Girondins.

A un autre point de vue, on obtiendrait ainsi la disparition d'une anomalie singulière dans notre République. Après 1871, la nécessité de remettre notre état militaire dans des conditions suffisantes de vigueur et d'équilibre a fait quelque peu méconnaître le principe du *Cedant arma togæ*, essentiel dans une Démocratie non césarienne. L'autorité d'un chef de corps d'armée s'étend sur une région, composée de plusieurs Départements, celle d'un préfet sur un Département seulement. D'où, même en temps de paix, en dépit de toutes les fictions administratives, supériorité réelle du commandant de corps d'armée sur le préfet de dé-

crée, le publiciste n'aura plus à se préoccuper des circonscriptions diocésaines épiscopales, archiépiscopales et primatiales. Déjà l'État n'a nul souci des circonscriptions primatiales ou métropolitaines, dont le clergé, ankylosé dans ses vieilles formules, fait seul usage et qu'ignorent la plupart des ouailles, même les plus cagotes.

partement. Cette anomalie, inévitable avec notre organisation administrative actuelle, a, d'ailleurs, visiblement préoccupé le législateur. La loi du 24 juillet 1873, sur l'organisation générale de l'Armée, stipule que les généraux de corps
d'armée peuvent être remplacés tous les quatre ans. En dé-
clarant, sous couleur de faire passer par le commandement
supérieur un grand nombre de généraux divisionnaires et
de permettre aux talents militaires de se révéler dès le temps
de paix, que les chefs de corps d'armée ne s'éterniseraient
pas dans un commandement aussi imposant que celui d'une
région territoriale comprenant plusieurs Départements,
l'Assemblée Nationale de 1873 avait, on peut le supposer,
quelque peu songé à ne point laisser indéfiniment aux mêmes
chefs militaires le premier rang dans la hiérarchie républi-
caine.

Parmi les conséquences de l'institution des Commissaires
administratifs régionaux, pourraient, peut-être, se trouver
la suppression des Commissaires cantonnaux et la conces-
sion aux Cantons d'une autonomie aussi complète que celle
des Communes, tout au moins la suppression des Commissaires départementaux.

<h1 style="text-align:center">XIV</h1>

<h3 style="text-align:center">CONCLUSIONS</h3>

Il nous faut conclure.

Si la Décentralisation doit se faire, si l'autonomie communale n'est point un vain mot, ce ne seront choses pos-
sibles qu'à la suite d'un changement complet de nos sys-
tèmes administratif, judiciaire, scolaire, qui sont caducs,
anti-démocratiques dans le fond et dans la forme; qu'à la
suite d'un remaniement de nos circonscriptions territoriales, dont un grand nombre ne répondent plus aux inté-

rêts locaux, très sensiblement déplacés et modifiés, depuis 1789, par les progrès de l'industrie et du commerce, le machinisme et les chemins de fer.

Assurément, c'est un travail hardi et gigantesque, qui réclame des législateurs plus travailleurs que péroreurs, plus solides que brillants, à la fois réfléchis et enthousiastes, remplis de cette énergie qui soulève des montagnes. Mais quelle gloire pour ceux qui accompliront cette œuvre? Les Chambres actuelles ne semblent pas destinées à récolter cette gloire. Que nos mandataires républicains donnent au pays l'exemple de la logique, du sang-froid et du désintéressement, c'est ce qu'ils doivent faire avant tout. On dirige quelquefois une nation vers des destinées meilleures en exaltant ses passions généreuses, en lui soufflant l'enthousiasme, même au détriment de sa raison. Mais on la pousse à la sénilité, à l'anarchie, aux abîmes, en excitant seulement ses appétits, en remplaçant les principes politiques par la rancune et la défiance, en faisant de la délation une arme contre les hommes de caractère, en cultivant l'art immoral de se *couler* réciproquement les uns les autres, en confondant comme à plaisir tous les pouvoirs, en faussant tous les rouages au lieu de les changer, en remuant beaucoup d'idées sans jamais en faire passer aucune dans le domaine des lois.

Mettre de l'ordre dans les esprits, les préparer à une rénovation sociale, politique et économique, telle est la tâche urgente. Nos législateurs semblent le comprendre enfin. S'ils réussissent à se faire estimer, eux et la Démocratie, ils auront débarrassé la République des langes monarchiques qui l'étouffent et l'auront amené aux confins de l'adolescence. La génération parlementaire qui suivra n'aura plus qu'à donner à cette République les vêtements nouveaux et plus amples, convenant à la jeunesse, qui a besoin de liberté dans ses mouvements et ses allures.

XV

REMARQUES FINALES

En terminant, je ne puis m'empêcher de faire trois ou quatre remarques de géographie administrative.

Certaines dénominations départementales, datant du deuxième Empire, n'ont été dues qu'à la fantaisie, à la politique des demi-mesures, voire même à la paresse de chercher ce qui aurait convenu.

Ainsi le Var n'arrose plus le département de ce nom.

Les deux départements, formés avec la Savoie n'ont pas repris leur dénomination première : départements du Léman et du Mont-Blanc. Le doyen d'âge de la Chambre des Députés, M. Pierre Blanc, il n'y a pas bien longtemps, dans un discours, resté célèbre, d'ouverture de session, affirmait le républicanisme des descendants des Allobroges. Les républicains Allobroges tiendraient-ils donc à perpétuer un nom de province monarchique, rappelant l'origine d'une maison royale voisine ? Dans la France officielle, il n'y a plus de Flamands, de Picards, de Normands, de Bretons, de Manceaux, de Poitevins, d'Angevins, de Tourangeaux, de Berrichons, de Limousins, d'Auvergnats, de Francs-Comtois, de Gascons, de Languedociens, de Provençaux, etc. Pourquoi y aurait-il encore des Savoyards ou des Savoisiens, si tant est que les petits ramoneurs, — comme celui du poète Soumet, — d'ailleurs de moins en moins nombreux, soient restés seuls des Savoyards.

Il est vrai qu'il y a encore des Vendéens. La Vendée est une rivière. C'est une excuse pour les Vendéens. Les Constituants de 89, obligés d'être logiques avec leur système d'appliquer aux Départements des dénominations empruntées aux accidents naturels du sol, ne laissèrent subsister qu'un seul nom de province monarchique : celui de Vendée (1). Il se pourrait que la conservation de ce mot d'ancien régime n'ait pas eu sur l'entêtement royaliste des Vendéens moins d'influence que la religion, l'ignorance, le fanatisme et le désir d'échapper à la conscription. De petites causes produisent souvent de grands effets. Il y a lieu de s'étonner que les Terroristes, qui, pour punir Lyon de sa révolte, avaient bizarrement changé son nom en celui de *Commune affranchie*, n'aient pas songé à rayer le mot Vendée de notre système départemental. Ce « Robespierre à cheval » qui fut Bonaparte, premier consul, préoccupé qu'il était d'une restauration du catholicisme, ne voulut peut-être pas y songer, quand il acheva la pacification de la Vendée.

Que dire enfin de l'arrondissement isolé de Belfort qu'on ne s'est pas encore décidé à rattacher partie au département de la Haute-Saône, partie à celui du Doubs! Est-il d'une saine politique d'attester, matériellement, quand même, à la face de l'Europe, que le traité de Francfort n'est qu'une trève et que, tôt ou tard, nous commettrons encore la faute de déclarer la guerre à l'Allemagne ?

Ne vaudrait-il pas mieux, cependant, attendre patiemment, avec la caducité, qui ne saurait tarder, du triumvirat restaurateur de l'empire germanique, la désagrégation fatale de la puissance prussienne, soumise à la loi commune aux immenses empires de proie, — la destruction hâtive ?

Est-il bon que notre géographie administrative donne un semblant de raison aux méfiances calculées du vice-empereur d'Allemagne, le chancelier prince de Bismark ? En fait de politique étrangère, nous fûmes toujours des naïfs. Certes, la rancune contre le Prussien est ou doit être au fond de tout cerveau français. Mais est-il sage de le répéter chaque jour sur tous les tons, de le crier dans les journaux,

(1) Les Constituants, qui ont fait le département bizarrement nommé les Côtes-du-Nord, auraient cependant bien pu créer le département des Côtes-de-l'Ouest.

d'aller même le crier dans les diverses capitales de l'Europe, de mêler les fanfaronnades et la mise en scène à l'exaltation du patriotisme. Celui-ci se fait en partie de haines héréditaires accumulées. L'explosion de la colère contre l'étranger est une de ses fréquentes manifestations. Je n'en disconviens pas. Mais il ne faut point oublier que les grandes et sérieuses passions nationales doivent savoir se contenir, se replier sur elles-mêmes au fond des âmes pour éclater avec plus de rage, de fougue et de furie au jour de la vengeance et de la revanche. La force des passions n'est-elle point en raison directe de leur profondeur dans le cœur des hommes?

Fin.

www.ingramcontent.com/pod-product-compliance
Lightning Source LLC
Chambersburg PA
CBHW060749280326
41934CB00010B/2414